Caminhos da ALFABETIZAÇÃO

A NOSSA AVENTURA PELO MUNDO DA ESCRITA JÁ VAI COMEÇAR! VAMOS DESENVOLVER A COORDENAÇÃO MOTORA DE UMA FORMA DIVERTIDA, SEGUINDO OS MOVIMENTOS QUE LEVARÃO CADA ANIMAL AO SEU FILHOTE.

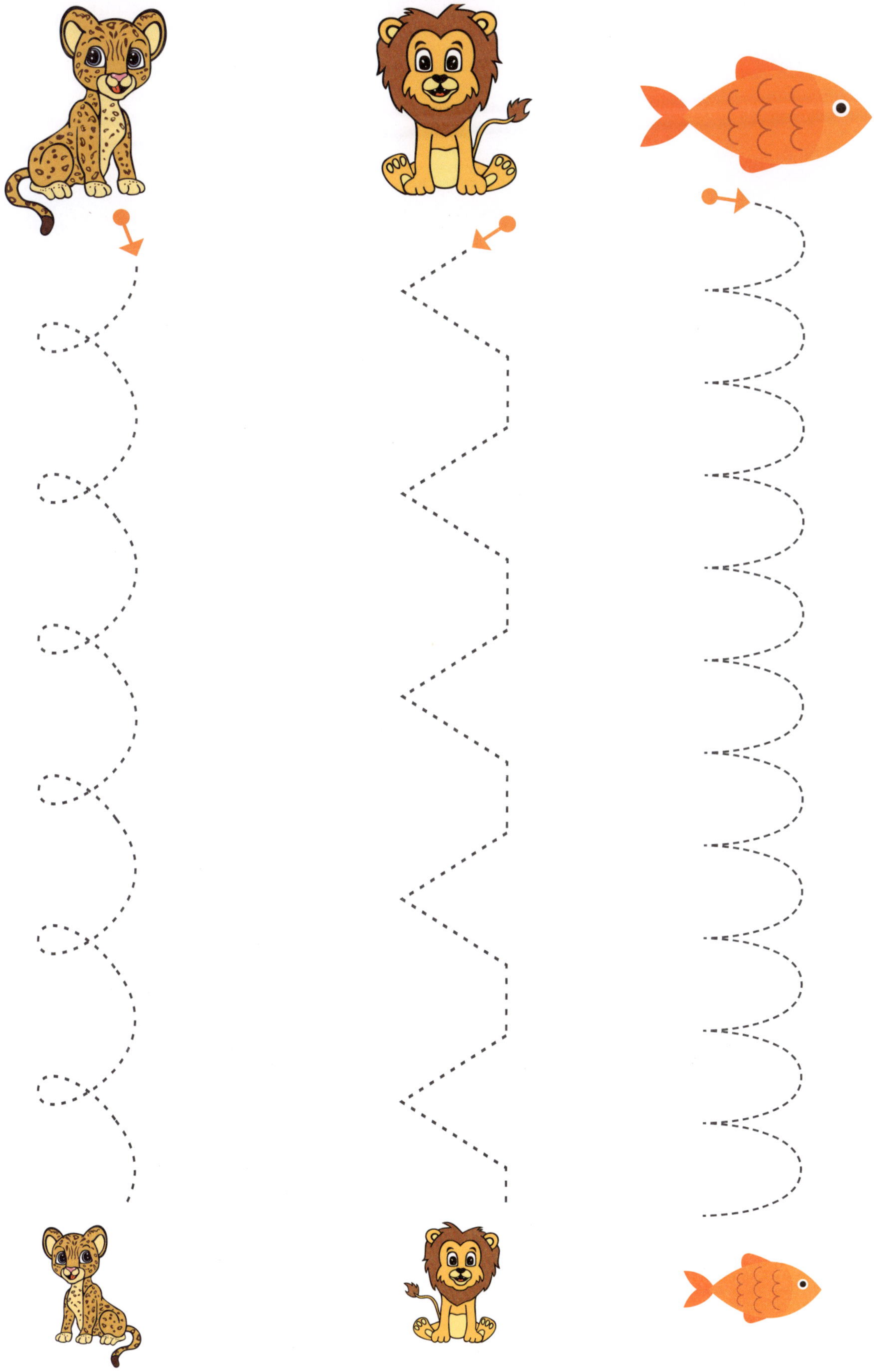

PRESTE ATENÇÃO NA COR DESTE GUARDA-CHUVA. ELE É **AMARELO**!

OLHE! AQUI HÁ MAIS DESENHOS NA COR **AMARELA**.
O QUE MAIS PODE SER AMARELO?

COMPLETE O DESENHO DESTA FRUTA DELICIOSA
E ADIVINHE DE QUE COR VOCÊ VAI PINTÁ-LA!

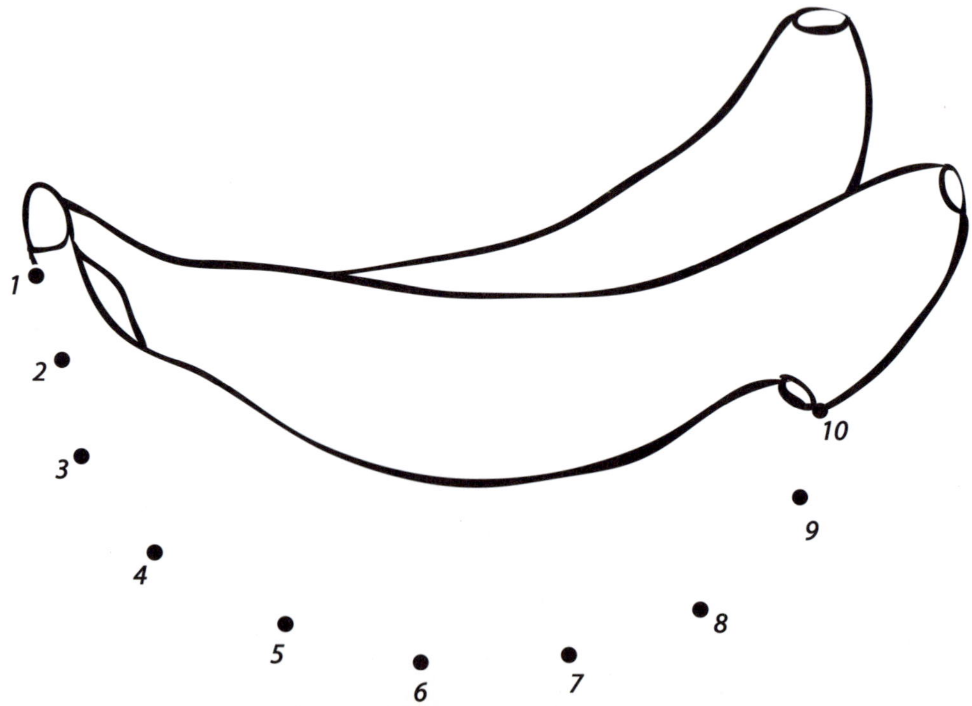

QUANTOS OVOS A GALINHA BOTOU NO NINHO?
ISSO MESMO! NENHUM OVO, OU SEJA, ZERO.

AGORA VOCÊ VAI COMPLETAR O NUMERAL 0:

0 - 0 - 0 - 0 - 0

HÁ UM OVO NO NINHO!

COMPLETE TAMBÉM O NUMERAL 1.

1 - 1 - 1 - 1 - 1 - 1

DOIS OVOS NO NINHO!

VAMOS LÁ! VOCÊ CONSEGUE ESCREVER O NUMERAL 2?

2 - 2 - 2 - 2 - 2

ESTE É O **QUADRADO**. VEJA QUANTAS COISAS AO SEU REDOR TÊM ESSA FORMA.

TABULEIRO

RELÓGIO

QUADRO

VOCÊ TEM MUITOS **QUADRADOS** PARA COMPLETAR. USE UM LÁPIS BEM BONITO PARA SE ANIMAR!

VOCÊ VAI APRENDER A FAZER O "A" MAIÚSCULO E MINÚSCULO NA LETRA CURSIVA. DEIXE A MÃO BEM MOLINHA!

Anão

A a

VAMOS COMPLETAR O DESENHO DA ÁRVORE QUE COMEÇA COM A LETRA "A"?

ESTA FLOR É **VERMELHA**! DO QUE MAIS VOCÊ SE LEMBRA QUE TEM ESSA COR?

OBSERVE OUTRAS FIGURAS QUE TÊM ESTA MESMA COR.

COMPLETE O DESENHO DESTA SUCULENTA MAÇÃ E, DEPOIS, PINTE-A COM A COR **VERMELHA**.

TRÊS OVOS NO NINHO!

PRATIQUE O NUMERAL 3 PARA OS TRÊS OVOS:

3 3 3 3 3 3

3 3 3 3 3 3

QUATRO OVOS NO NINHO!

É MUITO FÁCIL APRENDER O NUMERAL 4 LIGANDO OS TRACEJADOS!

4 4 4 4 4 4

4 4 4 4 4 4

ESTA FIGURA GEOMÉTRICA É O **CÍRCULO**.
O **CÍRCULO** PODE ESTAR EM QUALQUER LUGAR,
É SÓ OBSERVAR!

RELÓGIO

BISCOITO

BOTÃO

FAÇA O CONTORNO DE CADA **CÍRCULO** COM
UMA COR DIFERENTE SÓ PARA EXERCITAR.

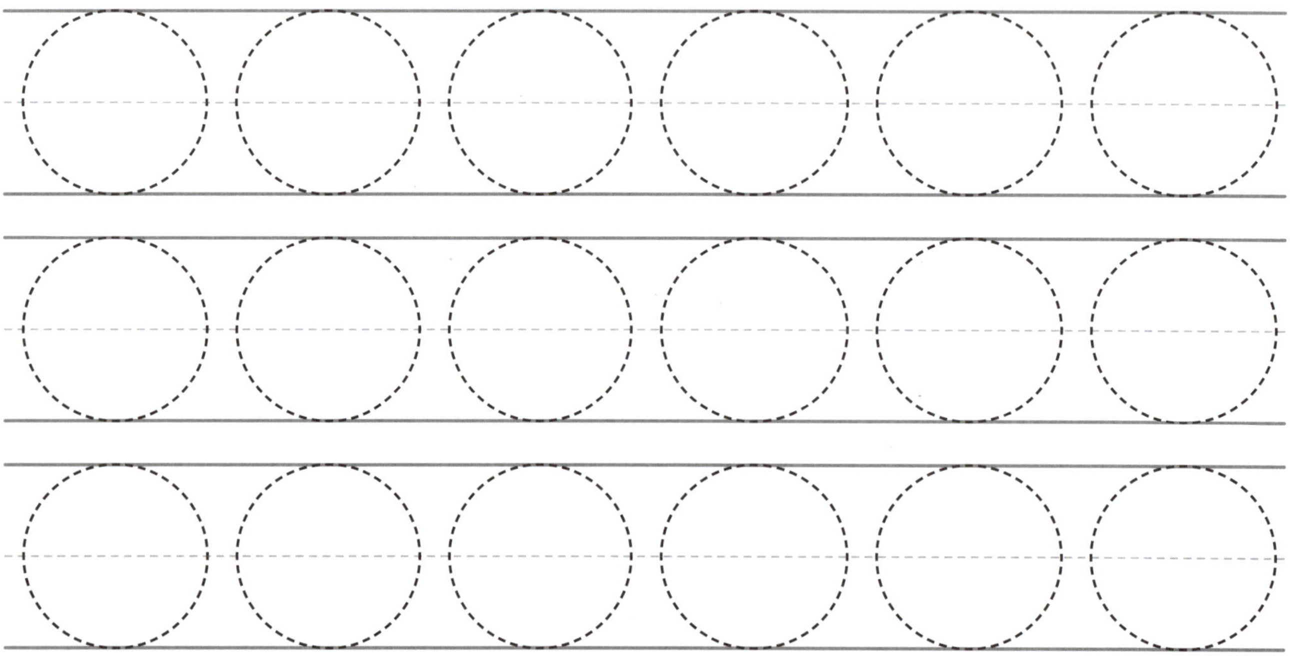

OLHA! A ESCOLA COMEÇA COM A LETRA "E". VOCÊ VAI APRENDER A ESCREVÊ-LA EM MAIÚSCULA E MINÚSCULA, EM LETRA CURSIVA. DEIXE A MÃO BEM MOLINHA.

Escola

COMPLETE O DESENHO DESTE BELO ELEFANTE!

A BORBOLETA É AZUL! OBSERVE OUTRAS FIGURAS QUE TÊM ESTA MESMA COR.

COMPLETE O DESENHO DA BALEIA E, DEPOIS, PINTE-A COM A COR AZUL.

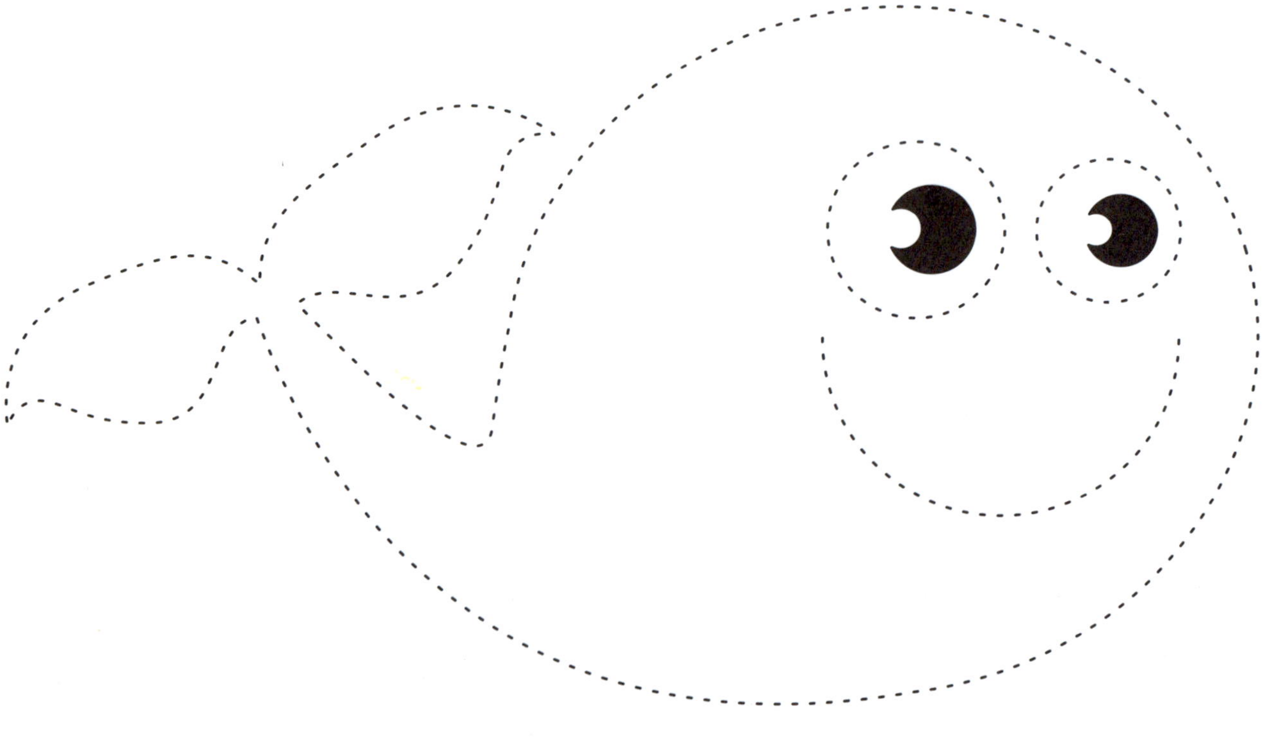

A GALINHA BOTOU **CINCO** OVOS NO NINHO!

É HORA DE CONFERIR A QUANTIDADE E APRENDER O NUMERAL **5**. COMPLETE TODOS ELES:

5 – 5 – 5 – 5 – 5

5 – 5 – 5 – 5 – 5

AGORA, HÁ **SEIS** OVOS NO NINHO!

AGORA, VOCÊ VAI APRENDER A FAZER O NUMERAL **6**. CONCLUA TODOS ELES, LIGANDO OS TRACINHOS.

6 – 6 – 6 – 6 – 6

6 – 6 – 6 – 6 – 6

VEJA O **TRIÂNGULO**! ESTA FORMA GEOMÉTRICA LEMBRA UMA DELICIOSA FATIA DE PIZZA, VOCÊ NÃO ACHA?

SANDUÍCHE

CABIDE

PLACA

VOCÊ PODE APRENDER A DESENHÁ-LO! É SÓ UNIR OS TRACEJADOS COM UM LÁPIS COLORIDO.

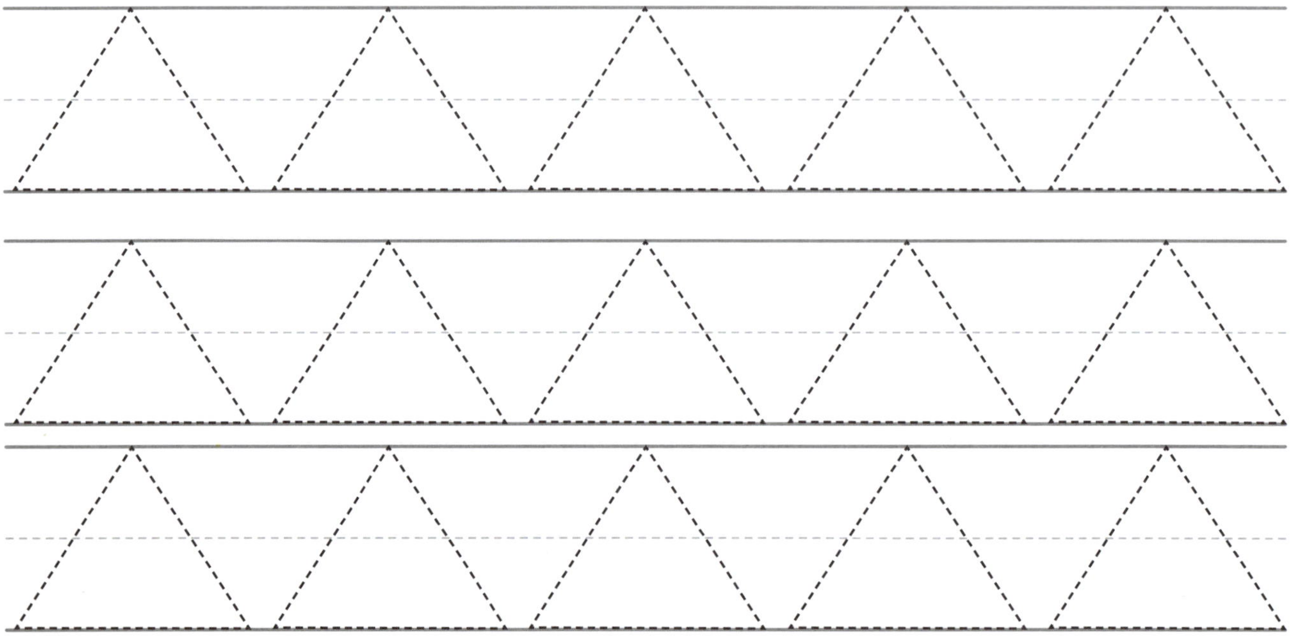

CHEGOU O MOMENTO DE VOCÊ APRENDER O "I" MAIÚSCULO E MINÚSCULO NA LETRA CURSIVA!

Ioiô

O IOIÔ É UM BRINQUEDO DE MUITAS GERAÇÕES E COMEÇA COM "I". COMPLETE O DESENHO E PINTE-O COM AS CORES PRIMÁRIAS QUE VOCÊ APRENDEU: AZUL, VERMELHA E AMARELA.

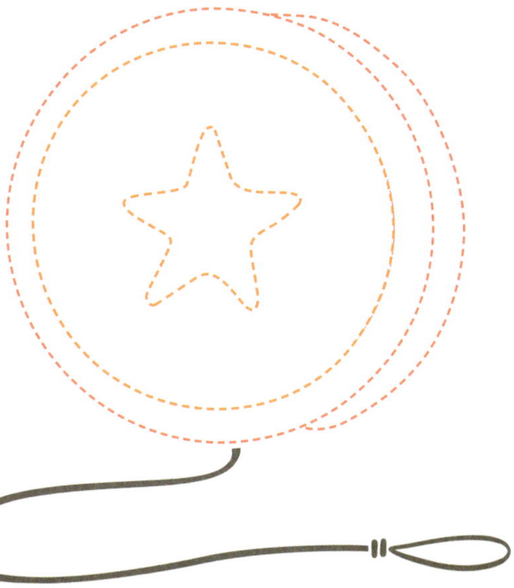

OS BALÕES ESTÃO VOANDO PELO CÉU!
PINTE-OS DE ACORDO COM AS LEGENDAS.

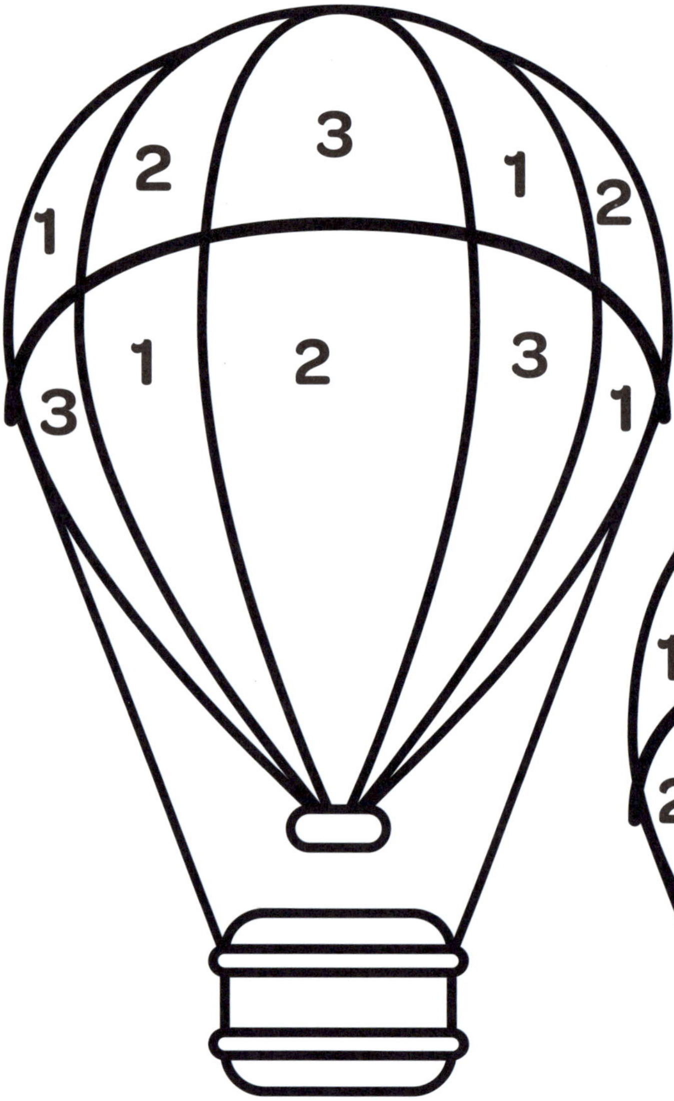

1 – AMARELO
2 – VERMELHO
3 – AZUL

AS CORES PRIMÁRIAS SÃO:

- VERMELHA
- AMARELA
- AZUL

A GALINHA BOTOU **SETE** OVOS NO NINHO!

MUITOS DIZEM QUE O **7** É O NUMERAL DA SORTE.
ENTÃO, COMPLETE TODOS ELES PARA TER MUITA SORTE!

EXISTEM **OITO** OVOS NO NINHO!

AGORA É HORA DE EXERCITAR A GRAFIA DO NUMERAL **8**:

ESTA FIGURA GEOMÉTRICA É O **RETÂNGULO**.
O **RETÂNGULO** PODE ESTAR EM QUALQUER LUGAR,
É SÓ OBSERVAR!

PORTA

LOUSA

RÉGUA

O **RETÂNGULO** PODE SER A PORTA DA CASA, A CAIXA DE SAPATOS, O TABLETE DE CHOCOLATE E MUITO MAIS! APRENDA A DESENHÁ-LO, COMPLETANDO CADA FIGURA.

CHEGOU A HORA DE APRENDER O "O" DO OVO NA LETRA CURSIVA MAIÚSCULA E MINÚSCULA. É MUITO FÁCIL! FALE, RAPIDINHO, TUDO O QUE VOCÊ LEMBRA QUE COMEÇA COM "O".

Ovo

COMPLETE O DESENHO DOS ÓCULOS, QUE COMEÇA COM A VOGAL "O".

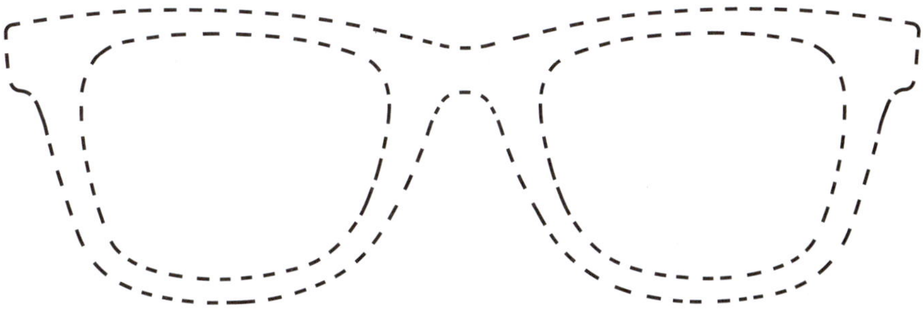

HÁ MUITOS BLOCOS PARA BRINCAR! QUANTOS DE CADA COR VOCÊ VÊ NESTA PÁGINA? CONTE E PINTE, DA MESMA COR, OS QUADRADINHOS COM AS QUANTIDADES CORRESPONDENTES.

7	10	5

A GALINHA BOTOU **NOVE** OVOS NO NINHO!

AGORA VOCÊ VAI COMPLETAR O NUMERAL **9**:

9 - 9 - 9 - 9 - 9 - 9

9 - 9 - 9 - 9 - 9 - 9

HÁ **DEZ** OVOS NO NINHO!

CONTE PARA CONFERIR SE HÁ DEZ OVOS E COMPLETE CADA NUMERAL **10** COM UM LÁPIS COLORIDO:

10 - 10 - 10 - 10

10 - 10 - 10 - 10

QUANTAS VEZES CADA FORMA GEOMÉTRICA APARECE ABAIXO?
CONTE E RESPONDA NOS ESPAÇOS TRACEJADOS.

QUADRADO CÍRCULO TRIÂNGULO

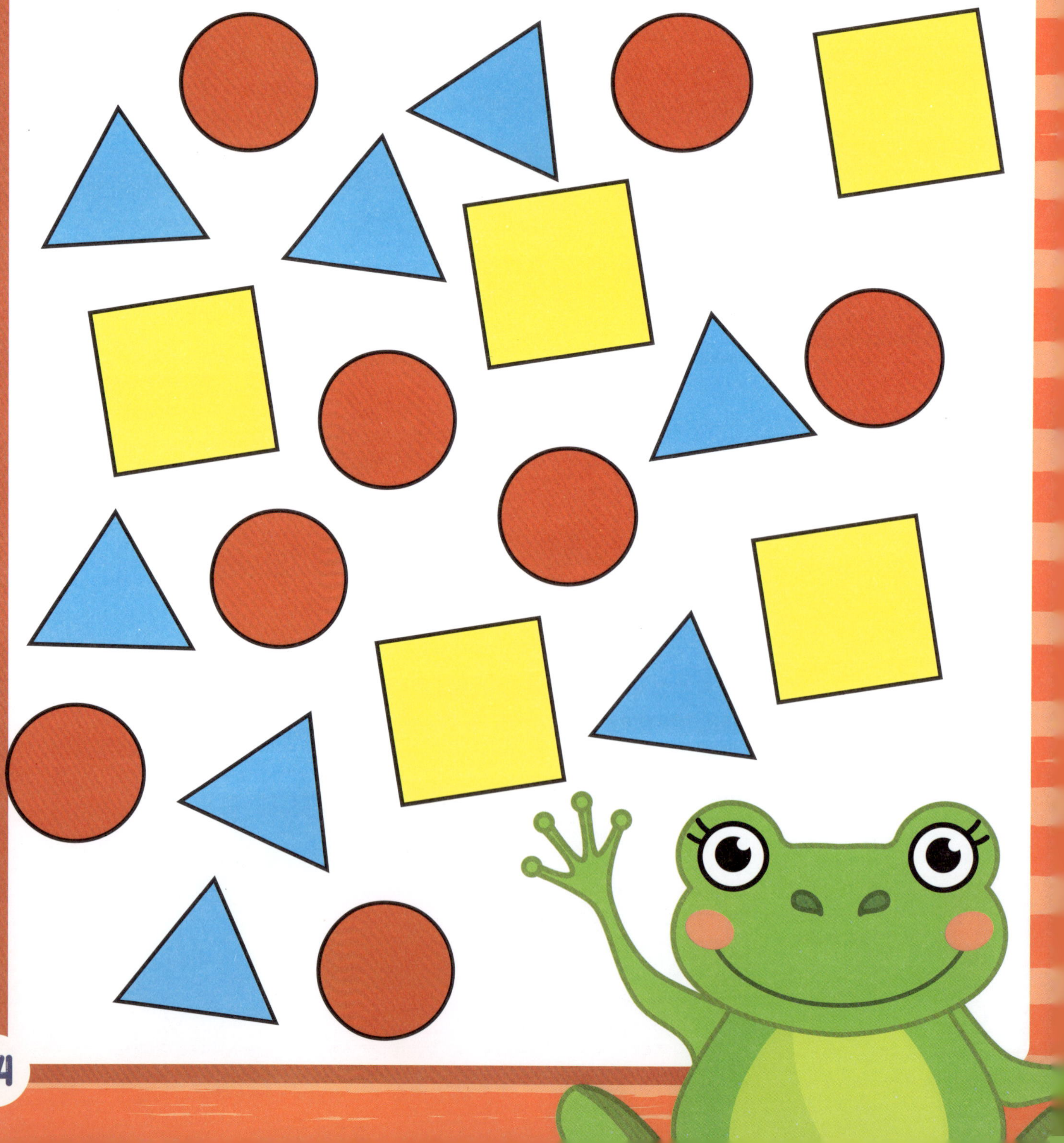

QUE CACHO DE UVA SABOROSO! ESTE "U" É DA "UVA" E DO "URSO". ADIVINHE DE QUEM MAIS PODE SER ESTE "U"?

Uva

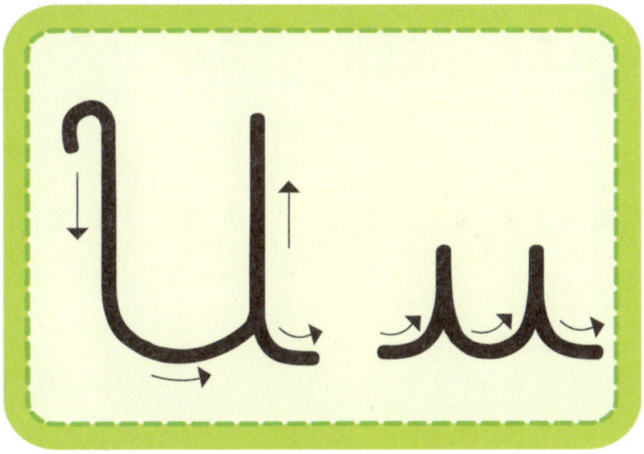

APRENDENDO AS QUANTIDADES

**DE CADA SEQUÊNCIA DE ANIMAIS,
PINTE APENAS AS QUANTIDADES INDICADAS.**

1

2

3

4

5

6

7

8

9

10